混声合唱組曲

蝶　はばたく朝

成本和子・作詞

森山至貴・作曲

教育芸術社

詩人のかける優しい魔法

一気呵成で組曲を書き上げることの多い私には珍しく、『蝶　はばたく朝』にとりかかってから完成までには実に3年近くの時間がかかっています。教育芸術社の「オリジナル合唱ピース」楽譜出版・CD発売企画に「蝶　はばたく朝」(2012)、「水鳥のうた」(2013)、「桃ひとつ　てのひらに」(2014)と曲を書き下ろし、その後「はっぱの　なかの　みち」を加えて全曲が完成しました。単曲での委嘱が私の中で組曲の構想に膨らみ、その構想に従い書き繋いでいった結果、最終的には日本大学合唱団による組曲初演、そして今回の組曲楽譜・CD同時発売にまでたどり着いたことに、作曲者としてとても喜びを感じています。

1曲目の作曲当初から現在までの幸せな歩みの期間、ゆっくりと着実に私を導いてくれたのが成本和子さんの詩の数々でした。成本さんの詩句の平易な言葉遣いの奥に、私は成本さんのしなやかで揺らぐことのない優しさを感じます。作曲する際、その優しさを照れずに受け止めることを私は自らに課しました。そして、優れた翻訳家が原文に忠実でありながら訳者自身の個性に溢れる訳文を生み出すことを思い浮かべながら、詩に私自身の音楽を無理やり当てはめず、一つ一つの詩句の中に響く歌を壊さぬようそっと取り出していきました。結果として、それまで私の中にはなかったのに、確かに私らしい音だと感じられる曲たちができあがったように思います。おそらく私は、詩人のかける優しい魔法によって知らぬうちに私の知らない私に出会ったのでしょう。作曲者にとって、こんなに嬉しい経験はありません。今度は、私が仲立ちとなって成本さんの魔法を演奏者のみなさんに味わっていただく番です。じっくりと詩句を噛みしめつつ、楽しみながら演奏していただければ幸いです。

『蝶　はばたく朝』にまつわり、たくさんの人にお世話になりました。全曲をレコーディングしていただいたEnsemble-Bellsのみなさん、組曲全曲を初演していただいた日本大学合唱団のみなさん、編集を担当してくださった教育芸術社の岡本佳奈さん、ありがとうございました。そして、企画当初から今回の出版・CD発売までさまざまな形で私と拙作を支えてくださった指揮者の鈴木成夫先生、ピアニストの山内知子先生、教育芸術社の呉羽弘人さんに、特別な謝辞をお贈りします。本当にありがとうございました。

森山至貴

CONTENTS

教育芸術社

1. 蝶　はばたく朝

成本和子・作詞　森山至貴・作曲

Poco più mosso ♩=88
9
き
き ー
き ー
き ー
Poco più mosso ♩=88
A
13
mp
ちん もく
ほろにがい は に いかされ たえて ーしのんだ ちん もく
ちん もく
ちん もく
A
mp

17
の ひび わかば を かすめる か ぜ ー に かぜ
の ひび U かすめる ー かぜ
の ひび わかば を かすめる か ぜ に
の ひび ー U かすめる
21
mf sub.mp
に はじらいながら いま ー アゲハちょう は
mf sub.mp
に はじらいながら いま ー アゲハちょう は
mf sub.mp
U いま U うかす
mf sub.mp
U いま U うかす
mf mp

B
25
mf
し ぜ ん の な か で 一 か わ さ れ た や く そ く の と き
mf
し ぜ ん の な か で 一 か わ さ れ た や く そ く の と き
mf
る
mp
U
mf
る
B
mf
29
は み ち 一
mp
は み ち 一 U U U
U U
mf
さ な ぎ の せ は さ だ め ら れ た よ う

poco rit.
Poco meno mosso
33
mf
f
さなぎのせ は いま われる
さなぎのせ は いま われる
さなぎの せ は いま われる
に ー せ は いま われる
poco rit.
Poco meno mosso
f
mf
C
poco riten.
poco a poco accel.
con moto
37
mp cresc.
A
mp cresc.
A
p cresc.
A
A
C
poco riten.
poco a poco accel.
con moto
mp
p cresc.

41
♩=96
D
mf cresc.
f
A
まん しん に ち か
A
まん しん に ち か
A
まん しん に ち か
A
A
まん しん に ち か
44
ら を こ め て
しょっ か く を の ば し
ふ か く
ら を こ め て ー
しょっ か く を の ば し ー ー
ら を こ め て
しょっ か く を の ば し ー
ふ か く
ら を こ め て
しょっ か く を の ば し
ー

47
E
mf
た た み こ ま れ た は　ね を ひ き だ せ ば　U
A
mf
た た み こ ま れ た は　ね を ひ き だ せ ば　う ま れ る こ と　の
mf
A　う ま れ る こ と　の
E
mf

50
U　せ な か に ひ と す じ　は し る ー　な ん
mf
U　せ な か に ひ と す じ　は し る ー
い た み が ー　U　な ん
い た み が ー

53
cresc.
の ちからでう まれでたか うちゅうのなぞ
O O うちゅうのなぞ
の ちからでう まれでたか うちゅうのなぞ
O うちゅうのなぞ
56
f
F
もこの いっぴきの ちょうの なかへ
もこの いっぴきの ちょうの なかへー
もこの いっぴきの ちょうの なかへ
もこの いっぴきの ちょうの なかへ

59
mf
f
U ――― またやくされふ
mf
f
U ――― またやくされふ
あつめられそしてやくされOやくさ
あつめられそしてやくされOやくさ
3

62
mf
きこめられているのだぬぎすてられ
きこめられているのだ
れふきこめられているのだ
れふきこめられているのだ
3

G
65
た さなぎの から に ー
mf
うごきだし たばかりの ほ
G
mf
68
そいあしでとまれ ば
mf
は
mf
あさつゆにぬれ た はね が
mf
あさつゆにぬれ

71
mf
はばた くことのよろこび で
ばたくこと の よろこびで は ばたく よろこび
A はばたく よろこび
た はねが はばたくことの A よろこび
74
rit. molto ♩=88
H
f
p
ゆっ く り ゆっ く り
ー
で
で
かすかにひかる
で

78
こきゅうをととのえ
mp
かろやかになびくあたらしいはねに
mp
82
mf
うまれでたー
のせ
うまれでたおもみのひとしずくをのせーかが
rit.
f

I
86
Tempo I ♩=76
mf
poco rit.
アゲハちょう は はばたいてい
アゲハちょう は はばたいてい
やく あさの ひかりに まねかれて ー はばたいてい
やく あさの ひかりに ー まねかれて ー はばたいてい
I
Tempo I ♩=76
poco rit.
mf
90
a tempo
rit.
く ー
く ー
く ー
く ー
rit.
a tempo
mp
p

1. 蝶　はばたく朝

蛹《さなぎ》から羽化し飛び立つ蝶に育ちゆく若者の姿を重ね、それをあたたかく見守る成本さんの詩に寄り添い、若者へのささやかなエールになるよう作曲しました。調号が変化する箇所に限らず、細かく何度も転調していくので、その都度ハーモニーの色彩を感じながら音色などに反映させてみましょう。

特に、短調の支配する前半で蓄積されたエネルギーが、Cのヴォカリーズを挟んで後半で高らかに解放される箇所にはドラマチックな表現が求められます。Cの４小節前、**Poco meno mosso** でかっちりと４声のハーモニーを鳴らした後、羽化する瞬間を固唾《かたず》を呑んで見守るようにピアノの音に耳をすませてください。ピアノの流れにのってCから歌い出し、気持ちよくクレシェンドすれば、あとはDのクライマックスを朗々と歌い切れるはずです。G以降少しずつ熱が冷めていきますが、音楽を停滞させず、羽化した蝶を空へと優しく解き放つように伸びやかに終わってください。

2. はっぱの なかの みち

成本和子・作詞　森山至貴・作曲

13
を ー じっ と み て い る と
を ー じっ と み て い る と

17
mp
はっ ぱ の な か に も ほ そ い
mp
はっ ぱ の な か に も ほ そ い
mp
ほ そ
mp
ほ そ

21
ほ そ い み ち が あっ た の
ほ そ い み ち が あっ た の
い ー み ち が あっ た の
い ー み ち が あっ た の

B
25
p
わ た し は ち い さ く な ーっ
p
わ た し は ち い さ く な ーっ
B
p

29
mp
はっ ぱ の な か に と び こーん だ
mp
はっ ぱ の な か な か に と び こ ーん だ
mp
て ー な か に と び こーん だ
mp
て はっ ぱ の な か に と び こーん だ
mp
33
mf
の ー
mf
の ー
mf
の ー
mf
の ー
mf

37
rit.
f
こ こ は
こ こ は
こ こ は
こ こ は
rit.
C
41
a tempo
ふ か い も り の な か わ あ
ふ か い も り の な か わ あ
ふ か い も り の な か わ あ
ふ か い も り の な か A
a tempo
C
f

45
し ろ い こ と り が と ん で き た
し ろ い こ と り が と ん で き た
し ろ い こ と り が と ん で き た
と ん で き た
49
mf
U
mf
U
mf
ふ わっ と だ く と こ と り の む ね が
mf
ふ わっ と だ く と こ と り の む ね が
mf

53
ことっ ことっ と なっ てーいる わ
ことっ ことっ と なっ てーいる ーー わ
ことっ こ とっ と なっ てーいる わ
ことっ こ とっ A A
D
57
f
ことりを だいて このみち を
ー ことりを だいて このみち を
ー ことりを だいて このみち を
このみち を

61
rit.
E ♩=96
mp
ずっ と ずっ と
65
p
かみ さま
かみ さま どこ
あるいていく と
かみ さま どこ

69
poco rit. a tempo
へ い けるのかしら ー ー
へ い けるのかしら ー ー
poco rit. a tempo
74
rit.
rit.
pp
8va bassa

2. はっぱの　なかの　みち

　やや複雑なハーモニーにのり浮遊感をもって始まった歌が、長調と短調の間を縫うように進んで行きます。短い曲ですが、正確な音程で歌うのはかなり難しいはずです。ハーモニーはピアノパートが主導して作っていきますので、ピアノに合わせてパート練習をすると効果的でしょう。

　Cのクライマックスははっきりとした長調なので歌いやすいですが、音量を増やすことだけに意識が向くと音楽が硬くなったり乱暴になったりしがちです。あくまで3拍子のリズムにのってなめらかに歌いましょう。Dからは一転してa-mollです。よりいっそうなめらかに歌ってください。71小節以降のピアノパートは調性感が曖昧になるように書いてあります。浮遊感のある不思議な余韻を楽しんでください。

3. 桃ひとつ てのひらに

成本和子・作詞　森山至貴・作曲

9
mf
mp
なかも　ももい　ろにそまる　もも　いろ　に
なかも　U　U　もも　いろ　に　ー
なかも　ももい　ろにそまる　もも　いろ　に
なかも　U　もも　いろ　に　ー
13
rit.
B
Più mosso ♩=96
かぐわ　し

17
い もも ひと つ てのひ ら に のせると こころのな か
21
mp
U
やわらかな
mp
U
U
も もも いろ に そ ま る
U

25
mf
mp
かにくにーつつまれたたねのつよさにひめられ
mp
mf
mp
かにくにーつつまれたたねのつよさにひめられ
mf
mp
つよさに
mf
mp
つよさにー
29
C
たいしをおもう
たいしをおもうー
mf
ーいしをおもうーしたたる
mf
ーいしをおもうしたたる
C
mf

33
mf
し た た る か　じゅう は　お に　を
mf
し た た る か　じゅう は　お に　を
か じゅう　は ー だ れ の　な か に も ー す む と　い　う　ー　U
か じゅう　は ー だ れ の　な か に も ー す む と　い　う　ー　U

37
poco a poco cresc.
も　な だ ー め て　し　ま　う　の　か　ー　O
poco a poco cresc.
も　な だ ー め て　し　ま　う　の　か　ー　O
poco a poco cresc.
ー　な だ め て　し　ま　う　の　か　ー　O
poco a poco cresc.
ー　な だ め て　し　ま　う　の　か　O
poco a poco cresc.

D
rit.
molto
Maestoso ♩=88
41
A
たいこから
45
つもる ほうじょう のちに はぐくまれ O
つもる ほうじょう のちに はぐくまれ O
つもる ほうじょう のちに はぐくまれ みやま から ふい
つもる ほうじょう のちに はぐくまれ みやま から ふい

49
mf
みがかれた このみずみずしい かじつよ
mf
みがかれた このみずみずしい かじつよ
mf
てくるかぜに A みずみずしい かじつよ
mf
てくるかぜに A みずみずしい かじつよ
mf
E
53
f
このみずみず しい かーじつよ このみずみず しい かーじつよ
f
このみずみず しい かーじつよ このみずみず しい かーじつよ
f
このみずみず しい かーじつよ このみずみず しい かーじつよ
f
このみずみず しい かーじつよ このみずみず しい かーじつよ
E
f

57
rit.
A
A
A
A
A
A
A
A
rit.
61
Tempo I
mp
mp
mp
mp
Tempo I
mp
p

65
rit.
F
a tempo
mp
かじゅえん の あさにただ よう ー ぴり り と し た
69
accel.
G
♩=88
mf
f
mp
れ い き
A
まん まるく み
わたしのなか に も

73
のろう ーとする かじつはあるか A かじつ
のろう とする かじつはあるか A かじつ
のろう とする かじつはあるか ーかじつ
のろう とする かじつはあるか A かじつ
77
はあるか ー
はあるか ー ー ー
はあるか ー ー ー
はあるか ー

81
rit.
mp
Fu
mp
Fu
rit.
mf
mp

3. 桃ひとつ てのひらに

桃を題材にしたものとしては珍しく、意志・鬼・太古・豊饒・霊気といった鋭い言葉が詩の中に並んでいます。私はこれらの言葉を、成本さんが桃に見て取った凛々しさや格調の高さを表すものと読み取って作曲しました。そこでみなさんも、これらの言葉を聞き取りやすいよう明確に発音し（ただし、乱暴になったり必要以上にとげとげしくなったりしないように！）、またこれらの言葉からイメージを膨らませながら、音楽を作ってほしいと思います。

また、この曲には山場が２つあります（[D]～[E]と[G]）。２つ目の山が小さくなりやすいので、両方の山で気持ちを盛り上げながら演奏してみてください。

4. 水鳥のうた

成本和子・作詞　森山至貴・作曲

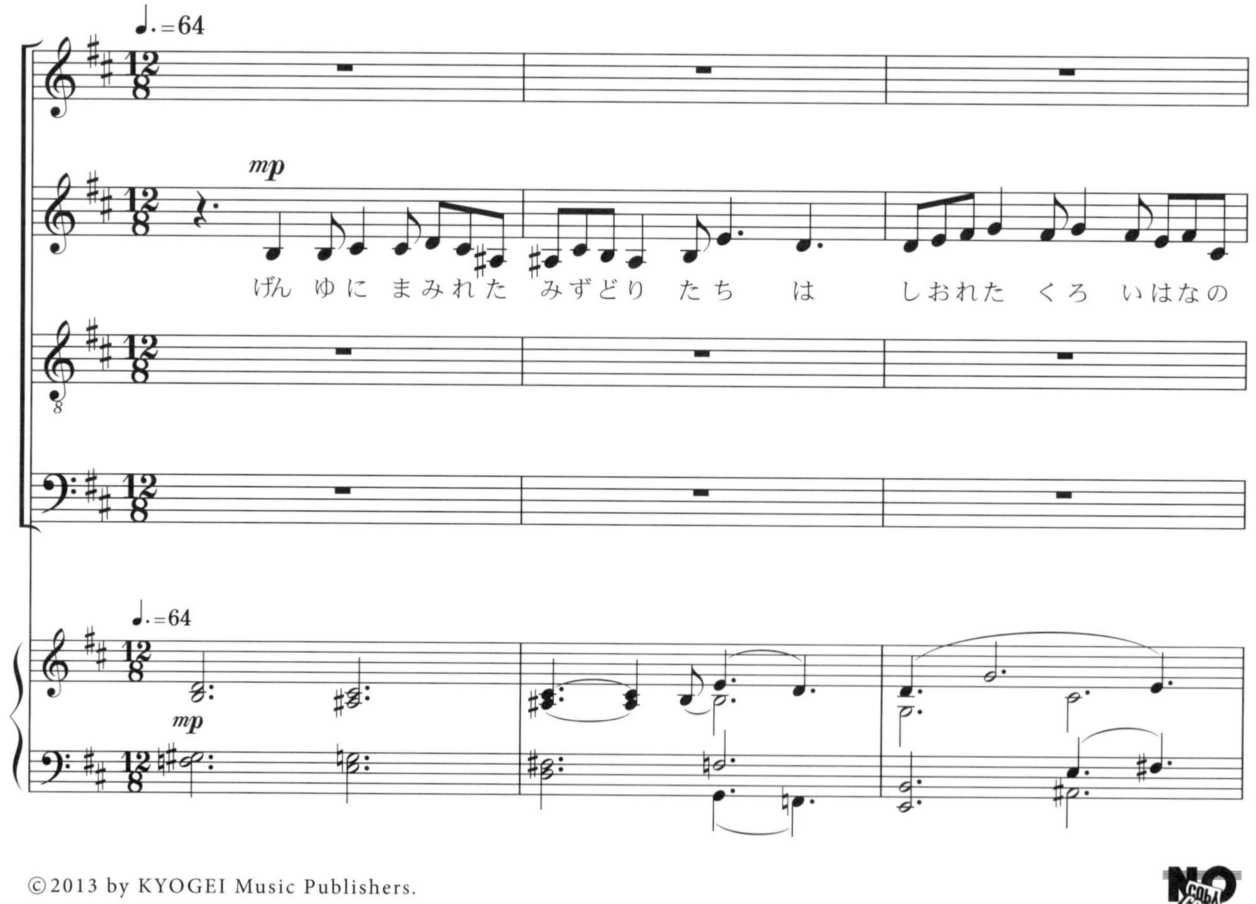

4
A
よう に うなだ れ る ー
mf
ほそ い のどをふるわせ ふたた
mf
ほそ い のどをふるわせ ふたた
A
mf
7
allarg.
mf
f
てんくうにむけて ー さ けびをは く
mf
f
てんくうにむけて ー さ けびをは く
f
び はばたくことのできな い こえとなら ない さ けびをは く
f
び はばたくことのできな い こえとなら ない さ けびをは く
allarg.
f

B
♩.=72
10
mp
みずにくだけ て ちっ たこえの かけらを ー ひたひ
B
♩.=72
sf
mp
8va bassa
13
p
C
U
mp
たつこ と のー できないーあし
た とー なみ があつめ て よ せる
C

16
mp
よぞらの ほしの よう
よー U よぞらの ほしの よう
うるうるとぬれためよ U O
mp
うるうるとぬれためよ U O
mf
D
19
mf
f
にだまってふかくするどく はてしなく ことばをー ことばをー な
にだまってふかくするどく はてしなく O
ことばをー ことばを
O

22
E
げ か け る ー U
U
ー ー みずど り の まなざ し は どこまで ー
みずど り の まなざ し は どこまで ー
E
25
mf
とどいてー いく の だろうか ー ー
mf
とどいてー いく の だろうか ー ー
mf
O
mf
O
mf

F
28
mp
あさのひかりを　あびて　きらめく　みな　も　に
mp
ゆられてうかぶ　みずど
F
mp
31
りー　たち
mp
かぜにに　あう　つばさ　の　いろどり　ー
mp
はねの

34
G
mf
かぎりな くーかる
mf
U
mf
かぎりな くーかる
なかにーまるく だ か れ て いる
G
mf
37
い すがたで ー や どっ て いる とりの いのちー ー
mf
U
い すがたで ー や どっ て いる とりの いのちー ー ちろち

40
H
poco a poco cresc.
とりのかげ ー このみず のーはる
poco a poco cresc.
とりのかげー U
poco a poco cresc.
ろ とーゆれる とりのかげー ー このみず のーはる
mf
poco a poco cresc.
とりのかげー U
H
poco a poco cresc.
43
allarg. molto
かにーとおく つづく ーところ ー A
つづく つづく ところ ー A
かにーとおく つづく つづく ところ ー A
つづく ーところ ー A
allarg. molto

I
Grandioso ♩.=68
46
f
わたしは うたい た い ー とりたち の よびあうこえの ーおく
わたしは うたい た い ー U
わたしは うたい た い ー U
わたしは うたい た い ー U
I
Grandioso ♩.=68
f
49
で もえているものを ほとばし る も の を と がっ たくちば
ほとばし る も の を と がっ たくちば
ほとばし る も の を と がっ たくちば
ほとばし る も の を と がっ たくちば

52
J
mf
し に ーひめて いる ー U
し ー ー ー
mf
し ー いきも のの もつ けなげ さ をー ー けなげさ
し ー ー ー
J
mf
55
f
ひへとむかうーつば さ の ー あかる さ をー ー
mf
f
U あかる さ をー ー
f
を ー あかる さ をー ー
mf
f
ひへとむかうーつば さ の ー あかる さ をー ー
f

K
rit.
Meno mosso ♩.=64
58
mp
ー
いきるものの ぽっ と ひとつともして いる
61
con moto
accel.
mf
mp
O
ほのあか りを ほの あ か りを ー

L
♩. = 68
64
f
あおぞら　にはばたく　と　り　た　ちを　ー　A
あおぞら　にはばたく　と　り　た　ちを　ー　A
A　このそら　のはるかに
A　このそら　のはるかに
M
67
poco a poco cresc.
とおくーとおく　つ　づ　く　ー　と　こ　ろ　ー　A
とおくーとおく　つ　づ　く　ー　と　こ　ろ　A
とおくーとおく　つ　づ　く　ー　と　こ　ろ　A
A　と　こ　ろ　ー　ー　ー

rit.
molto
70
ff
A
A
A
A
A
A
A
A
rit.
molto
ff
8va bassa

4. 水鳥のうた

「わたしは歌いたい。」という詩句の上で、詩人と作曲者と演奏者の祈りが美しく重なることを願って作曲しました。そのため、成本さんの許可を得て連の順序を変更し、悲劇から希望へと音楽がたどり着く構成にしました。

したがって、演奏に際しては、Iのクライマックスに向かって音楽のテンションを上手に高めていくことが求められます。特に、一度***mp***まで弱くなるFにおいては、各パートが途切れずにメロディをリレーしていく意識を強くもつことによって、G、H、Iへの段階的なクレシェンドを効果的に準備できます。たっぷりIとJを歌った後、Kでは落ち着いて気持ちを整えてから、さらなるクライマックスとしてLとMを高らかに歌い切ってください。

桃ひとつ てのひらに

香《かぐ》わしい桃ひとつ
てのひらにのせると
こころのなかも桃いろに染《そ》まる

やわらかな果肉《かにく》につつまれた
種の勁《つよ》さに
秘《ひ》められた意志をおもう

したたる果汁《かじゅう》は
だれのなかにも棲《す》むという
鬼をもなだめてしまうのか

太古《たいこ》から積もる豊饒《ほうじょう》の地にはぐくまれ
深山《みやま》から吹いてくる風にみがかれた
この　みずみずしい果実《かじつ》よ

果樹園の朝にただよう
ぴりりとした霊気《れいき》
わたしのなかにも
まんまるく実ろうとする果実は在《あ》るか

水鳥のうた

朝のひかりを浴びてきらめく水面《みなも》にゆられて浮《う》かぶ水鳥たち。風に似合うつばさの彩《いろど》り。羽のなかにまるく抱《だ》かれている限りなくかるい姿でやどっている鳥のいのち。ちろちろとゆれる鳥の影《かげ》。この水のはるかに遠くつづくところ。

わたしは歌いたい。鳥たちの呼び合う声の奥《おく》で燃えているものを。ほとばしるものを。とがったくちばしにひめている生きものの持つけなげさを。陽《ひ》へと向かうつばさの明るさを。生きるもののぽっとひとつ灯《とも》しているほのあかりを。青空にはばたく鳥たちを。この空のはるかに遠くつづくところ。

原油にまみれた水鳥たちはしおれた黒い花のようにうなだれる。細いのどをふるわせふたたびはばたくことのできない天空に向けて声とならない叫《さけ》びを吐《は》く。水に砕《くだ》けて散った声のかけらをひたひたと波が集めて寄せる。立つことのできない脚《あし》よ。うるうるとぬれた眼《め》よ。夜空の星のように黙《だま》って深く鋭《するど》く果てしなく言葉を投げかける。水鳥のまなざしはどこまでとどいていくのだろうか。

（作詩者の了解を得て、連の順序を入れ替えて作曲しています。）

詩　成本和子

蝶　はばたく朝

五月のひかりが
さざなみのようにゆれる朝
からたちの葉かげの
ちいさな儀式《ぎしき》

ほろにがい葉に生かされ
たえてしのんだ沈黙《ちんもく》の日日
わかばをかすめる風にはじらいながら
今　アゲハ蝶《ちょう》は羽化《うか》する

自然のなかでかわされた
やくそくのときは満ち
さなぎの背はさだめられたようにわれる

満身に力をこめて触覚《しょっかく》をのばし
ふかくたたみこまれた羽をひきだせば
生まれることのいたみが
せなかにひとすじはしる
何の力で生まれでたか
宇宙のなぞも
この　いっぴきの蝶のなかへ
あつめられ　そして約され　また約され
ふきこめられているのだ

ぬぎすてられた　さなぎのからに
うごきだしたばかりの
黒糸のようにほそい足でとまれば
朝つゆにぬれた羽が
はばたくことのよろこびで　かすかにひかる

ゆっくり　ゆっくり　呼吸をととのえ
かろやかになびく新しい羽に
生まれでた重みのひとしずくをのせ
かがやく朝のひかりにまねかれて
アゲハ蝶は　はばたいていく

（作詩者の了解を得て、原詩の一部を省略、変更しています。）

はっぱの なかの みち

ね、かみさま
きの　はっぱを
じっと　みていると
はっぱの　なかにも
ほそい　ほそい　みちがあったの
わたしは　ちいさくなって
はっぱの　なかに
とびこんだの

ここは　ふかい　もりの　なか
わあ　しろい　ことりが　とんできた
ふわっと　だくと
ことりの　むねが
ことっ　ことっと　なっているわ
ことりを　だいて
この　みちを
ずっと　ずっと　あるいていくと
かみさま
どこへ　いけるのかしら

初演Data

2014年12月6日／杉並公会堂　大ホール
【日本大学合唱団第66回定期演奏会】
指揮：鈴木成夫／ピアノ：山内知子

混声合唱組曲

蝶 はばたく朝

2015年11月30日　第1刷発行

作詞者　成本和子
作曲者　森山至貴
発行者　株式会社 教育芸術社（代表者 市川かおり）
〒171-0051　東京都豊島区長崎1-12-15
電話 03(3957)1175(代)
03(3957)1177(販売部直通)
印　刷　新日本印刷
製　本　共栄社製本
デザイン・レイアウト　モスデザイン研究所（續田功太）

ISBN978-4-87788-749-0 C3073